AF356180

STEFAN WAIDELICH | NIKHILA ANIL

TYGRYSY TO NIE MAŁPY!

Tygrysy to nie małpy!

Wydanie 1, luty 2022 r.
© 2023 Stefan Waidelich Zeisigweg 6.72213 Altensteig
Druk: Amazon Media EU S.á r.l., 5 Rue Plaetis, L-2338, Luxemburg

Okładka: Ilustracja Nikhila Anil © Stefan Waidelich

ISBN: 978-3-98661-079-1

Autor: Stefan Waidelich
Ilustracje: Nikhila Anil

Redakcja:
Tłumaczenie: Piotr Obiegły
Korekta: Jagoda Obszarska

Dla Emmy,
Samuela
i Sophie

„**D**zisiaj dostaniecie kilka zadań" powiedziała wesoło pani Hipcia i rozejrzała się życzliwie po klasie na swoich małych uczniów. To wyjątkowe zadania, ponieważ wspólnie zdecydujecie, kto w każdym zadaniu poradził sobie najlepiej.

Małe zwierzątka popatrzyły na siebie podekscytowane. Każde z nich pomyślało: „Będę najlepszy".

Tylko Samuel, mały tygrysek, miał kwaśną minę. Siedział samotnie w kącie klasy i na myśl o kolejnych zadaniach aż rozbolał go brzuch. Nie wiedział nawet, czy w ogóle potrafiłby zrobić coś naprawdę dobrze.

Pani Hipcia zaprowadziła klasę zwierzątek do wysokiego drzewa na skraju lasu.

„W szeregu zbiórka, kochani!". Powiedziała, wskazując na naprawdę bardzo wysokie drzewo. „Waszym pierwszym zadaniem jest wspiąć się na to drzewo tak szybko, jak to możliwe i zawisnąć na ogonie do góry nogami!".

Wszystkie zwierzęta westchnęły zrezygnowane, oprócz małej małpki Zosi. Nie mogła powstrzymać się od uśmiechu i z entuzjazmem zawołała do pani nauczycielki: „Mogę wejść jako pierwsza, proszę?!".

„Oczywiście, Zosiu" – odpowiedziała nauczycielka.
Zosia bez problemu wspięła się na wysokie gałęzie.
Chwyciła ogonem najwyższą gałąź, zawisła z niej do góry
nogami i zamachała radośnie do pozostałych.
„Zobaczymy czy dacie radę zrobić to lepiej niż ja!" –
zawołała małpka ze śmiechem.

Pozostałe zwierzęta nie potrafiły jednak ani wejść na drzewo, ani zawisnąć na gałęzi przy pomocy ogona.

Rybka Fred stwierdziła niechętnie, że nie może oddychać poza wodą i dlatego nie może wejść na drzewo.

Słoń Eryk próbował dosięgnąć trąbą górnej gałęzi drzewa, ale pani Hipcia stwierdziła, że to nie jest wspinaczka. Niestety, Eryk wiedział, że jego malutki ogonek nigdy nie utrzymałby jego ciężkiego ciała.

Psu Azorowi udało się wspiąć na niską gałąź. Nie udało mu się jednak zawisnąć na ogonie. Z hukiem spadł z drzewa! Psy po prostu nie potrafią zakręcić ogona dookoła gałęzi tak dobrze, jak małpy.

Kura Berta i ptak Finki w ogóle nie mogli wejść na drzewo. Oboje spróbowali wlecieć na wysoką gałąź, ale nauczycielka przypomniała, że powinni się wspinać, a nie latać.

Na samym końcu przyszła kolej na Samuela, małego tygrysa. Pobiegł jak najszybciej w kierunku drzewa. Po skoku, tygryskowi udało się nawet owinąć przednie łapy wokół pnia i złapać go pazurami, ale potem zsunął się jednak z powrotem na sam dół. Musiało to wyglądać zabawnie, gdy wylądował z hukiem na ziemi.

Wszystkie inne zwierzęta zaczęły się śmiać, a Samuel smutno zwiesił głowę.

„Dobrze, posłuchajcie teraz. Kto wypadł najlepiej w
pierwszym zadaniu?" zapytała na koniec pani Hipcia.
Wszystkie dzieci wykrzyknęły razem:
„Zosia!" i radośnie zaklaskały w dłonie.
„A powiecie mi może dlaczego?"
chciała wiedzieć nauczycielka.

Nikt z uczniów nie wiedział, co na to odpowiedzieć. Jednak słoń Eryk nagle powiedział: „Zosia urodziła się ze wszystkim, czego potrzebuje, aby wspinać się na drzewa i zwisać z gałęzi. To jej wyjątkowy dar".

Słonie są bardzo sprytne, co nie?

„**B**ardzo dobrze, Eryk!" pochwaliła go nauczycielka. „Chodźmy teraz nad jezioro. Tam czeka na was kolejne zadanie".

Wszystkie zwierzęta były bardzo podekscytowane. Wszystkie oprócz Samuela, który bał się, że znów będzie gorszy od innych i że zostanie wyśmiany.

Gdy wszyscy dotarli na brzeg jeziora, pani Hipcia pokazała zwierzętom obrazek przedstawiający skrzynię ze skarbami.

„Waszym drugim zadaniem jest znalezienie skrzyni ze skarbem na dnie jeziora. Potem musicie jeszcze powiedzieć mi, co jest w środku".

Fred natychmiast wskoczył do wody, w której czuł się jak w domu, pływając blisko dna jeziora. W końcu zna się na tym, jak każda ryba.

Słoń Eryk jest bardzo sprytny i chciał wyssać całą wodę z jeziora, aby móc lepiej zobaczyć zawartość skrzyni ze skarbami. Jednak pani Hipcia zachichotała i powiedziała mu, że to wbrew regułom zadania. Słoń zaczął więc krążyć wokół jeziora i zanurzył swoją trąbę w wodzie, szukając skrzyni ze skarbami.

Pies Azor wskoczył do jeziora i zaczął przebierać łapkami.

Kura Berta wskoczyła do wody i zaskoczyła wszystkie zwierzęta. Tak, kury potrafią pływać! Nie wiedziała, czy

zdoła wsadzić głowę pod wodę jak kaczka, ale była bardzo
zdeterminowana, aby spróbować.

Ptak Finki i małpka Zosia stali na brzegu i po cichu szeptali
między sobą. No tak: Zosia boi się wody. Wkrótce Finki wskoczył
na ramię Zosi, a małpka dzielnie przepłynęła po jeziorze, mimo
swojego strachu. Finki raz po raz dodawał jej otuchy i motywował,
gdy szukali w wodzie skrzyni. We dwójkę stanowili naprawdę
zgrany zespół.

Na końcu został tylko Samuel, mały tygrysek. Był
podekscytowany, bo wiedział, że jest dobrym pływakiem,
ale nie podobał mu się pomysł zanurzenia głowy pod wodą.
W końcu jest kotem!

Jedno zwierzę po drugim odkrywało skrzynię skarbów głęboko w wodach jeziora, ale żadne ze zwierząt nie mogło zobaczyć, co jest w środku. Z wyjątkiem Freda, małej rybki, która zajrzała przez dziurkę od klucza i rozpoznała złote monety. Nauczycielka pogratulowała swoim uczniom, a następnie zapytała ponownie: „Kto wypadł w tym zadaniu najlepiej?".

Wszystkie zwierzęta zagłosowały na Freda. W końcu jest rybą i od urodzenia ma wszystko, czego potrzebuje, by czuć się pod wodą jak u siebie.

Jednak Eryk nagle stwierdził: „Chwileczkę. To prawda, że Fred urodził się ze wszystkim, co potrzebne, aby być świetnym pływakiem.

Być może to zadanie ma jeszcze głębszy sens niż tylko ustalenie, kto urodził się z najbardziej odpowiednim do tego darem. Być może skarb był ukryty w najgłębszej części jeziora, abyśmy i my głębiej zastanowili się nad naszymi darami."

Zwierzęta były zdumione mądrą odpowiedzią Eryka. Niektórzy nie zrozumieli nawet, o co mu chodzi.

„Więc, kto również poradził sobie naprawdę dobrze z tym zadaniem?" zapytała ponownie nauczycielka.

Azor zaszczekał podekscytowany. „Zosia i Finki! Działali razem, by znaleźć skarb!". W końcu psy też są bardzo mądre.

Nauczycielka uśmiechnęła się i powiedziała:
„Moim zdaniem wszyscy dzisiaj wiele się nauczyliście".

Smutny i rozczarowany Samuel wrócił do domu. Opowiadał właśnie rodzicom o wszystkich zadaniach: „Byłem taki słaby!".

„Mamo, powinnaś była widzieć Zosię. Jest absolutnym geniuszem w dziedzinie wspinaczki. Ja niestety nie mam takiego talentu". Samuelowi aż łzy napłynęły do oczu.

Mama wzięła go w ramiona. „To wszystko prawda Samuelu. Tygrysy to przecież nie małpy!". Samuel spojrzał pytająco na mamę.

„Posłuchaj, Samuelu. Te zadania po prostu nie sprawdzały tego, co czyni cię bardzo wyjątkowym." Dodał jego ojciec.

Samuel nie był jednak pewien, który test mógłby dotyczyć jego talentów. Nie wiedział nawet, czy zrobiłby cokolwiek tak dobrze, jak Zosia, czy Fred.

Następnego dnia pani Hipcia tłumaczyła pewne zagadnienie, gdy nagle ktoś na korytarzu bardzo głośno zawołał

„POŻAR, PALI SIĘ!".

Wszystkie zwierzęta natychmiast wyjrzały przez okno. Na zewnątrz jedni uczniowie biegali przerażeni, a inni zastygli ze strachu i nie mogli się ruszyć. Wszyscy byli w niebezpieczeństwie!

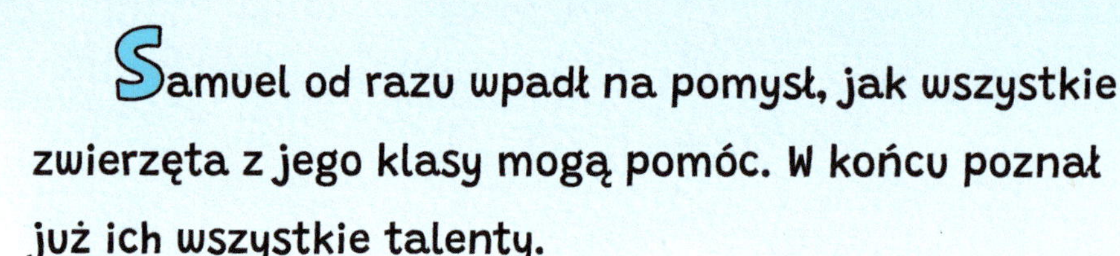

Samuel od razu wpadł na pomysł, jak wszystkie zwierzęta z jego klasy mogą pomóc. W końcu poznał już ich wszystkie talenty.

„Szybko!" – wykrzyknął bez zastanowienia.
„Chodźcie tu wszyscy i posłuchajcie mnie. Wiem,
jak możemy pomóc!"

„Eryk, użyj swojej trąby, aby gasić ogień wodą.

Fred! Popłyń wzdłuż brzegu jeziora i powiedz wszystkim, aby udali się w bezpieczne miejsce.

Azor i ja pobiegniemy ratować pozostałych. Berta i Finki,
krążcie w powietrzu wokół tych, których nie będziemy mogli
zobaczyć z ziemi, abyśmy łatwiej mogli ich znaleźć.

Zosiu, ty wejdź na drzewo i uratuj małe ptaszki z
gniazda i zabierz je w bezpieczne miejsce."

Gdy Samuel odprowadzał dużą grupę przerażonych zwierząt z lasu w bezpieczne miejsce, usłyszał Freda wołającego o pomoc. Mały tygrysek szybko pobiegł nad jezioro i spostrzegł, że duży kamień zablokował jedyne przejście dla czterech kaczek w wodzie. Były w pułapce, a ogień nieubłaganie się do nich zbliżał!

Samuel płynął tak szybko, jak tylko potrafił. Potrzebował dużo siły, aby przetoczyć kamień na bok, ale w końcu udało mu się. Kaczki wykwakały „dziękujemy" i popłynęły w bezpieczne miejsce, z dala od ognia.

Samuel pobiegł z powrotem w stronę lasu.
Tam kura Berta, z zapartym tchem opowiedziała
mu, że inne zwierzęta, wystraszone ognia, biegają
w kółko, zdezorientowane.

dy Samuel usłyszał o zagrażającym życiu chaosie,
stanął na środku pola i zaryczał najgłośniej, jak potrafił. Tak
głośno, że usłyszały go wszystkie zwierzęta w całej okolicy.
Nagle zrobiło się zupełnie cicho.

„Próbujemy wam pomóc!" krzyknął donośnym głosem
dzielny tygrysek, „Podążajcie za Bertą i innymi. Zaprowadzą
was w bezpieczne miejsce".

Gdy Samuel wrócił do domu, był bardzo zmęczony. Sennie opowiedział rodzicom, co się stało i jak jego klasa zdołała uratować inne zwierzęta. Mały tygrysek był bardzo szczęśliwy. Tego dnia zrozumiał, że jest odważny, wtedy, kiedy wymaga tego sytuacja, że potrafi głośno ryczeć, gdy trzeba i że jest silny, gdy ktoś potrzebuje jego pomocy. To jest właśnie to, co tygrys potrafi robić naprawdę dobrze.

Samuel zasnął tej nocy z uśmiechem na ustach. Teraz już wiedział, na czym polega jego wyjątkowy talent. To nie tylko talent, z którym się urodził, ale ten specjalny dar, który spoczywa głębiej niż skrzynia skarbów w jeziorze!

Następnego dnia wszystkie zwierzęta zebrały się w jedynej klasie, która nie spłonęła. Nauczycielka ogłosiła, że tego dnia nie odbędą się żadne lekcje. Zamiast tego pomogą odbudować szkołę.

„**N**ajpierw chciałabym jeszcze raz porozmawiać o wczorajszym dniu. Ten pożar, mimo że nie był zaplanowany przez żadnego nauczyciela, był największym sprawdzianem ze wszystkich! Dlatego dziękuję Wam, że użyliście swoich talentów, aby wszystkich uratować".

Cała klasa zaczęła klaskać i wiwatować.

„Czasami odkrywamy swoje talenty dopiero wtedy, gdy są nam naprawdę potrzebne" – dodała z uznaniem pani Hipcia.

„**W**czoraj, kiedy wszyscy potrzebowali pomocy, Samuel pokazał nam, jak najlepiej wykorzystać nasze dary — odwagę i siłę. Eryk zgasił ogień. Fred zaprowadził ryby w wodzie w bezpieczne miejsce. Azor, Finki i Berta pomogli zwierzętom na lądzie uciec przed pożogą. Zosia uratowała małe ptaki z ich gniazda, zanim stanęło ono w płomieniach."

Klasa wiwatowała przy każdym imieniu, które wymieniła nauczycielka.

W końcu wszyscy spojrzeli na Samuela i wstali. Zaczęli wiwatować jeszcze głośniej.

„Samuel wykazał się niesamowitą odwagą" - powiedziała nauczycielka. „Kierował wszystkimi, uspokajał i dawał dobry przykład. Samuel ma wszystko to, czego potrzeba, by zostać wielkim przywódcą!".

„Pamiętajcie, że wszyscy jesteście utalentowani, zdolni i wyjątkowi — na swoje własne, niesamowite sposoby. A kiedy nadejdzie właściwy czas, Wasze talenty się ujawnią".

Pani Hipcia spojrzała na Samuela i się uśmiechnęła.
Potem powiedziała: „No, nie ma co czekać ! Mam nadzieję,
że wszyscy jesteście gotowi do pracy?"

„TAK!", wykrzyknęli z entuzjazmem.

I tak klasa zwierząt zabrała się do pracy,
wykorzystując swoje umiejętności i talenty do
odbudowy szkoły.

„Każdy jest geniuszem.

Ale jeśli zaczniesz oceniać rybę pod względem jej
zdolności wspinania się na drzewa,
to przez całe życie będzie myślała, że jest głupia.”

-Autor nieznany.

Drogi Mały Geniuszu,

Może czasem czujesz się jak mały tygrysek Samuel, który tak naprawdę nie wiedział, jakie są jego mocne strony. Może Twoje mocne strony są jeszcze ukryte, przez co czujesz, że nie pasujesz do otoczenia. Kiedyś na pewno je odkryjesz! Do tego czasu nie porównuj się z innymi. Zaufaj mi. Wszyscy jesteśmy utalentowani i wyjątkowi na swój sposób! Jesteś wyjątkowy i to jest wspaniałe! Bez Ciebie zabrakłoby kogoś ważnego dla tego świata.

Dziękuję za przeczytanie tej książki.

Podobała ci się? Jeśli tak, pomóż nam rozpowszechnić wiadomość, że każdy jest utalentowany, zdolny i wyjątkowy na swój własny, niesamowity sposób. Możesz nas wesprzeć postem i recenzją książki w mediach społecznościowych. Książka ta to również doskonały prezent.

Dziękuję. Może kiedyś spotkamy się znowu! Ja na pewno bym tego chciał. A ty? Życzę Ci wszystkiego najlepszego i żebyś odkrył swoje mocne strony i talenty.

Wszystkiego dobrego,
Stefan Waidelich

Autor:

Stefan Waidelich

jest z zawodu nauczycielem, mieszka z rodziną, kotem i sześcioma kurami w Schwarzwaldzie. Kocha opowieści, sport, Boga i lody waniliowe. Jako nauczyciel matematyki uważa, że w życiu nie chodzi o to, by być dobrym we wszystkim, ani nawet w kilku wybranych rzeczach. Zamiast tego, chodzi o odkrycie swojego talentu i doskonalenie się w tej jednej dziedzinie.

Ilustratorka:

Nikhila Anil mieszka w Bangalore (Indie). Jej zawód i pasja to ilustrowanie książek dla dzieci. Jest mamą małego chłopca, który uwielbia dinozaury. Jej mały ogródek zdobi wiele kwiatów. Nikhila uwielbia gorące kakao i sztukę. Nic nie inspiruje jej bardziej niż natura.